BEI GRIN MACHT SICH IHR WISSEN BEZAHLT

Mariam Losaberidze

Die NS-Zeit in Italien

GRIN Verlag

Bibliografische Information der Deutschen Nationalbibliothek:

Die Deutsche Bibliothek verzeichnet diese Publikation in der Deutschen National-
bibliografie; detaillierte bibliografische Daten sind im Internet über http://dnb.d-
nb.de/ abrufbar.

Impressum:

Copyright © 2009 GRIN Verlag, Open Publishing GmbH
Druck und Bindung: Books on Demand GmbH, Norderstedt Germany
ISBN: 978-3-640-75609-4

Dieses Buch bei GRIN:

http://www.grin.com/de/e-book/159134/die-ns-zeit-in-italien

GRIN - Your knowledge has value

Der GRIN Verlag publiziert seit 1998 wissenschaftliche Arbeiten von Studenten, Hochschullehrern und anderen Akademikern als eBook und gedrucktes Buch. Die Verlagswebsite www.grin.com ist die ideale Plattform zur Veröffentlichung von Hausarbeiten, Abschlussarbeiten, wissenschaftlichen Aufsätzen, Dissertationen und Fachbüchern.

Besuchen Sie uns im Internet:

http://www.grin.com/

http://www.facebook.com/grincom

http://www.twitter.com/grin_com

Johann Wolfgang Goethe-Universität Frankfurt am Main
Fachbereich 4 Erziehungswissenschaften
Seminar: Erziehungswissenschaft und Pädagogik in der NS-Zeit(Teil1)
WS   2009 / 10

NS-Zeit in Italien
06.04.2010

Mariam Losaberidze   HF Erziehungswissenschaft
Semester 01 Bachelor

Inhaltsverzeichnis

1 Einleitung

„Nachdenken über das Geschehene ist die Pflicht eines jeden" [1]

Der zweite Weltkrieg hat große Wirkung auf die Gesellschaft hinterlassen und ist heute noch Aktualität. 55 Millionen Menschen fanden den Tod, darunter 6 Millionen Juden die Opfer des Holocaust. Mehr als 15 Millionen Menschen wurden Opfer von Flucht und Vertreibung, viele Millionen Menschen litten an Krankheiten und leiden heute noch an ihre Erinnerungen. Die Geschichte kann sich aus Sicht der Wissenschaftler wiederholen, weil die Menschen manipulierbar sind. Sie beschäftigen sich auch mit der Frage, warum und wie die Menschen sich von andren Menschen und bestimmten Sachen wie zum Beispiel der Werbung oder dem soziale Umfeld beeinflussen lassen. Auch im zweiten Weltkrieg sind die Menschen manipuliert worden. In dem Roman die Welle (1981) von Morton Rhue ist eine Ereignis dargestellt, was tatsächlich in der USA passiert ist. Ein Geschichtslehrer, der herausfinden wollte wie die totalitären Systemen Nationalismus, Kommunismus, Faschismus und ebenfalls die Religion, Menschen stark manipulieren können, führte ein Experiment in seiner Klasse. Das Experiment sollte darstellen dass die Jugendlichen sehr einfach manipulierbar sind und dass die Geschichte sich immer wiederholen kann. Genau das hat ihm gelungen. Zum Schluss zeigte der Lehrer das Bild von Adolf Hitler und sagte dass sie alle gute Nazis werden könnten

Deswegen ist es meiner Ansicht nach wichtig, dass die Jugendlichen die Geschichte kennen. Vor allem sollten sie sich mehrere Meinungen zu bestimmten Ereignissen informieren.

Ich werde in meiner Hausarbeit über NS-Zeit in Italien schreiben, bzw. über das Verhalten der katholischen Kirche und des damaligen Papstes Pius XII. gegenüber der Judenverfolgung. Ich habe das Land Italien ausgesucht, weil dort die Religion sowohl heute als auch im zweiten Weltkrieg von großer Bedeutung war und im Vatikan der Wohnsitz der Päpste ist. Darüber hinaus hat Vatikan heute noch großen Einfluss auf die gesamte katholische Kirche. Als Fragestellung wähle ich: Was müssen Jugendlichen über katholische Kirche und die Haltung des Papstes Pius XII. im zweiten Weltkrieg gegenüber Judenverfolgung wissen?

Aus dieser Zielstellung ergeben sich für mich die folgende Fragen, die ich mit der Hilfe von wissenschaftlicher Literatur versuche zu beantworten: Haben die katholische Kirche und der Papst Pius XII. den Juden geholfen? Das Verhalten des Heiligen Stuhles und das Schweigen des Papstes Pius XII. im zweiten Weltkrieg ist heute noch umstritten. Viele Historiker kritisieren das diplomatische Verhalten und die Haltung des Papstes Pius XII. zur Vernichtung der Juden und werfen ihm vor dass er Nazifreundlich gewesen sei. Unter anderem gibt es allerdings auch Historiker, die sein diplomatischer Handel für richtig halten. Ich werde

---

[1] Regine Wagenknecht, Judenverfolgung in Italien 1938-1945, Berlin 2005, S.9

versuchen die beide Meinungen von Historikern darzustellen um die Fragen zu beantworten, in wie weit das Schweigen und diplomatisches Verhalten von Papst Pius XII. richtig war? Hätte er durch anderes Handeln mehr Juden helfen können? oder hätte er dadurch alles verschlimmert? Ebenfalls möchte ich einen kleinen Überblick über Judenverfolgung im faschistischen Italien geben. Denn ich finde, die Vorgeschichte zu wissen, wie es überhaupt dazu gekommen ist, ist sehr wichtig. Zuerst fasse ich zusammen wer überhaupt der Papst Pius XII. war.

Papst Pius XII Eugenio Maria Giuseppe Giovanni Pacelli ist am 2 .März 1876 in Rom geboren. Er war Sohn eines Rechtsanwalts. Er studierte an der Gregorianischen Universität. Im April 1901 nach dem er Priesterweihe empfangen hatte, trat er in den päpstlichen Dienst und war 1904-16 Kardinal Gasparris reche hand bei der Kodifizierung des Kirchenrechtes. Nachdem der Benedikts XV ihn im Jahr 1917 als Nuntius nannte, lebte er zuerst in München und im Juni 1920 wurde er Nuntius in der Weimarer Republik. Noch im ersten Weltkrieg musste er mit der kaiserlichen Regierung über Benedikts XV. Friedenspläne verhandeln. Nach der ersten Weltkrieg unterzeichnete er mit Bayern für die Kirche günstiges Konkordat.1929 wurde er zum Kardinal erhoben und wenig später als Nachfolger Gasparrisals Staatssekretär im Jahr 1930.Dadurch war er für die Konkordate mit Österreich (1933) und dem nationalsozialistischen Deutschland(1933) zuständig.[2] Das Reichskonkordat mit Hitler im Jahr 1933 wird auch als Pakt mit dem Teufel bezeichnet. Hitler garantierte der Kirche weit reichende religiöse Rechte, wenn sich die Priester aus Politik raushalten. Wollte der Pacelli damit die Sicherheit für die katholische Kirche, da er gesehen hatte, dass die Kirche in Deutschland an politischer Bedeutung verliert und sogar die Priester verhaftet werden? oder war er nur um seine eigene Kirche besorgt? Auch im Vatikan selbst diskutiert man heftig über das Thema.[3]Man kann natürlich nicht die ganze Wahrheit über Pius und seine Absichten erfahren, aber es gibt Akten von Papst Pius XII. die veröffentlicht wurde, und die viel über seinen Handeln aussagen. Ebenfalls gibt es weiterhin Akten, die geheim gehalten werden. Nur der amtierende Papst hat das Recht die Akten seiner Vorgänger freizugeben. Zweifellos kann auch das vollständige Archiv niemals ein lückloses Bild der Wirklichkeit zeigen.[4]Trotz allem möchte ich mit dem Material, was ich zu Verfügung habe versuchen herauszufinden in wie weit sich Der Vatikan im zweiten Weltkrieg gegen Judenverfolgung engagiert hat.

[2] J.N.D. Kelly, Reclams Lexikon der Päpste, Stuttgart 1988, S.336
[3] Hubert Wolf, Papst und Teufel, München 2008,S.255.
[4] Piesse Blet SJ, Papst Pius XII. und der zweite Weltkrieg, München, Wien, Zürich 2000, S.11.

2   Judenverfolgung im faschistischen Italien

Im folgenden Kapitel möchte ich, über Judenverfolgung im faschistischen Italien im Jahr 1938-1945 einen kleinen Überblick schaffen.

Wie in Deutschland, auch in Italien gab es Rassismus und Judenverfolgung. Faschismus[5] gab es vor dem Nationalsozialismus. Benito Amilcare Andrea Mussolini so genante Duce war von 1922 bis 1943 der Diktator Italiens. Mussolini hat die Massenbewegung der Rechten erfunden. Die Regime in Deutschland und in Italien, hatten manches gemeinsam. Aber es gab dennoch große Unterschiede"[6] Ich möchte aber in meinem Hausarbeit nicht die beide Diktatoren und deren Handlungen vergleichen, oder die Unterschiede des Faschismus und des Nationalsozialismus untersuchen, sondern über Judenverfolgung schreiben. Die Judenverfolgung in Italien war nicht so dramatisch wie in Deutschland. In Italien haben mehr als 29.000 Juden durch die Hilfe den hilfsbereichen Menschen und sogar den Beamten überlebt. Während in Deutschland durch Bevölkerunghilfe nur 5.000 Juden überlebten. Dennoch gab es Judenverfolgung in Italien. Im Jahr 1938 erließ die faschistische Regierung die Rassengesetze. Diese bedeutete für die Juden Gewisse Einschränkungen. Auch in Jahr 1943 als die deutsche Wehrmacht die Juden aus Rom nach Auschwitz deportierte, stimmte Italien zu.[7]

Im Jahr 1938 haben in Italien 46.656 Menschen mit jüdischer Religion gelebt. Schon seit den 16 Jahrhunderten gab es römische Ghettos in Italien. Erste davon war in Rom. Seit der Emanzipation der italienischen Juden nach dem Revolutionsjahr 1848, könnten die Juden in verschiedenen Bereichen arbeiten. Sie waren sogar im Staatsdienst tätig. Als im Jahr 1922 Mussolini die Macht übernahm, änderte sich die jüdische Lage nicht sehr. Erst ab 1938 durch die Zustimmung von faschistischer Regierung an Rassengesetze, fing die Ausgrenzung der Juden an. Die jüdischen Schüler und Studenten dürften nicht mehr in öffentliche Schulen und Universitäten gehen. Die jüdischen Lehrenden wurden entlassen. Die Juden und Afrikaner dürften nicht mehr Ehen mit Italienern. Ebenfalls dürften die Juden nicht mehr nach Italien einwandern. Sie waren ausgeschlossen von Anstellung beim Militär, bei öffentlichen Behörden und bei Institutionen von nationalem Interesse.[8]

Außerdem mussten die Juden, die nicht italienische Staatbürgerschaft hatten, das Land ferlassen. Jene, die weigerten das Land zu verlassen, mussten 5.000 Liere Strafe zahlen. Es gab auch eine Ausnahmeregelung. Diese betraf allerdings nur diejenigen Juden, die schon über 65.

---

[5] **Unter Faschismus versteht man, ein totalitäres, extrem nationalistisches politisches System, in dem der Staat alles kontrolliert und die Opposition unterdrückt.** Langenscheidt, Großwörterbuch Deutsch Als Fremdsprache, München 2003,S. 339

[6] Jonathan Steinberg, Deutsche, Italiener und Juden, Göttingen 1992, S. 310

[7] Regine Wagenknecht, Judenverfolgung in Italien 1938-1945, Berlin 2005, S.9

[8] Regine Wagenknecht, Judenverfolgung in Italien 1938-1945, Berlin 2005, S.16-17

Jahre alt waren oder jüdischen Familien mit mehreren Kindern. Sie dürften unter strengen Bedingungen in Italien bleiben.[9]

3   Eintritt Italiens in zweiten Weltkrieg

Während in Europa der zweite Weltkrieg ausbrach, hoffte Mussolini dass Italien dieser Konflikt wenig treffen würde. 1940 trat das Land trotzdem in den Krieg ein, obwohl Italien nicht für eine längeren Konflikt vorbeireitet war- jedoch nicht gegen Deutschland sondern gegen die Alliierten. Dadurch wurde Italien, ein verbündetes Land von Deutschland. Mit dem Krieg verschlimmerte sich die Situation der gesamten Bevölkerung und besonders die der Juden. Es gab zwar schon vorher Rassengesetze. aber die physische Verfolgung fing erst mit dem Kriegsbeginn an. Damals waren in Italien aus Deutschland, Polen und Tschechien geflüchtete Juden, die auch während des zweiten Weltkrieges Italien nicht verlassen wollten. Dagegen hat der Mussolini seine Rassenpolitik geändert und am 15 Juni 1940 hat er angefangen, Juden in Gefängnisse zu internieren und weiter in Internierungslagern zu schicken. Unter den Gefangenen befanden sich nicht nur die Juden, die neu im Lande waren, sondern die Juden, die italienische Staatsbürgerschaft hatten. Am Anfang waren es nur Männer zwischen 18 und 60 Jahre alt.[10]

Ab September sind 15 solcher Lager eingerichtet. Die Bedingungen waren dort für die Gefangenen sehr schlecht. Es bestand Nahrungsmangeln und eine sehr schlechte medizinische Versorgung. Die Gefangenen kümmerten sich selber um Kindergesstätte, Bibliotheken und Schulen. Obwohl die Lage für Juden in Italien sehr verschlechterte, waren sie im Vergleich zu anderen europäischen Ländern dort immer noch besser. Bis die Deutschen nicht Italien besetzt haben, gab es keine Deportation von Juden in Vernichtungslagern.[11]

4   Judenverfolgung ab 1943

Nach dem ersten Angriff der deutscher Wehrmacht auf Italien, wendete die Stimmung gegen Mussolini dem allmächtigem „Duce". Er wurde in wenigen Tagen abgesetzt und auf Befehl von König Viktor Emanuel III. verhaftet. Als neuer Ministerpräsident wurde Bagolio gewählt. Trotz neuer Regierung ging der Krieg weiter. Bis am 8. September 1943 überraschend ein Waffenstillstand bekannt gegeben wurde. Aber der Waffenstillstand war von den Deutschen

[9] Regine Wagenknecht, Judenverfolgung in Italien 1938-1945, Berlin 2005, S 23
[10] Linda Thomas, Die Juden im Faschistische Italien, Frankfurt am Main 2009 S. 34-36
[11] Linda Thomas, Die Juden im Faschistische Italien, Frankfurt am Main 2009 S. 36-37

gefälscht um Landsinnere vorzudringen und italienischer Herr zu entwarnen. Gleichzeitig waren die Alliierten in Neapel und Rom. Italien wurde in drei Hälfte Geteilt. In Nord Italien waren die Deutschen, Mittelitalien war Schauplatz heftiger Kämpfe und der Süden stand unter der Kontrolle der Badoglio bzw. Alliierten. Während die Italiener gegen die Deutschen kämpften, befreiten deutschen Fallschirmspringern der Mussolini 12 September und brachten ihn nach Deutschland. Mit Hilfe von der Deutschen gründete er im Salo(Norditalien) die *Repubblica Sociale italiena.* (RSI) Mussolini wurde von den Nazis sodann als „Marionette" für deren eigene Interessen benutzt.[12]

In Süditalien, wo die Alliierten und Badogolio befanden wurden die Rassengesetze abgeschafft und 2.000 Juden befreit. Das Gegenteil passiete in Norden, da dort gab es nicht nur bisherige Rassengesetze sondern von der *RSI* wurde neue Gesetze geschaffen, die darauf abzielten, Juden zu vernichten. 6.000 Juden flüchteten aus dem Heimatland. Manche wollten die Heimat nicht verlassen und hofften darauf dass die Alliierten bald auch ins Landesinnere verstoßen und der Krieg vorbei sein würde. Aber für die Alliierten war italienischer Front weniger wichtig, und deswegen war das Krieg in Italien noch lange nicht vorbei.[13]

5 Heilige Stuhl, der Anfang der NS-Zeit und die Diplomatie

Im Jahr 1933, als Hitler Reichskanzler wurde, war Pius XI. Kardinal von Rom und der Papst der Katholische Kirche.

Eugenio Pacelli war zwar damals Kardinalstaatssekretär bzw. der wichtigste Mensch in römischer Kurie, aber die letzten Entscheidungen traf am Ende der Papst Pius XI. Von daher bilden sich die Fragen: welche Informationen leitete der Staatssekretär an Papst weiter? Oder auf welchen Quellen war selbst Pacelli angewiesen? Für die Beantwortung dieser Fragen spielen die diplomatische Korrespondenten zwischen den päpstlichen Nuntien(Nuntiaturbereichte)und die Notizen von Pacelli die wichtige Rolle.

Die Nationalsozialismus und Pacellis Amtszeit fingen fast zur gleichen Zeit an..[14]Nachdem der Papst Pius XI. starb, starb auch der Plan mit ihm das Wort gegen Hitlers rassistisches Verhalten zu erheben.(Darüber werde ich in meinem Hauptteil ausführlicher berichten) Der nächste Papst muß entweder Heiliger oder ein Held werden" orakelte der französische Kardinal Emmanuel Celestin". Doch der nächste Papst war weder Heiliger noch Held, er war ein

---

[12] Linder Thomas, Die Juden im faschistischen Italien, Frankfurt am Main 2009, S 39-40
[13] Linda Thomas, Die Juden im Faschistische Italien, Frankfurt am Main 2009
[14] Hubert Wolf, Papst und Teufel, München 2008,S.145-147

Diplomat.[15] Am 2.März 1939 wurde Eugenio Pacelli zu Papst Pius XII gewählt. Alle Zeichen standen auf Krieg. Am 1 September 1939 fielen deutsche Truppen in Polen ein. 1939 am 20 Oktober schrieb der Papst seine erste Enzyklika „ Summi Pontificatus". Allerdings nannte er dort weder Deutschen noch Hitler beim Nahmen genannt, sondern verurteilte aber den Überfall auf Polen mit deutlichen Worten:

„Das Blut unzähliger Menschen, auch von Nichtkämpfern, erhebt erschütternde klage, insbesondere auch über ein so geliebtes Volk wie das polnische, dessen kirchliche Treue und Verdienste um die Rettung der christlichen Kultur mit unauslöschlichen Lettern in das Buch der Geschichte geschrieben sind und ihm ein Recht geben auch menschlichbrüdliche Mitgefühl der Welt."[16]

Pius XII. wollte neutral bleiben, weil er meinte dies wäre für die katholische Kirche am besten. Während des Krieges rief Pius XII. die Weihnachtsbotschaften zum Frieden wo Gründe nennte warum die Frieden gut für die Menschheit ist. Es folgte jedes Jahr neutrale Weihnachtsbotschafte gegen Krieg und für Frieden. Aber friedliches und diplomatisches Verhalten vom Papst nutzte nichts mehr, denn der Krieg schon im Gange war. Viele Menschen schlugten den Papst vor, dass er eine Enzyklika schreiben, in dem er die Antisemitismus und Antibolschewismus verurteilen sollte. Pius XII. lehnte die Vorschläge ab und war immer noch für Neutralität.

Er fand öffentliche Meinung gegen Nazianolsozialismus zu riskant für Wohlhaben der katholischen Kirche in Deutschland. Dieses diplomatische Verhalten des Papstes wurde oft verurteilt. Besonders kritisiert wurde er hinsichtlich seines Verhältnisses gegenüber den Juden.

Schon im Jahr 1933 fing in Deutschland die Judenverfolgung an. Zahleiche Briefe wurde in dieser Zeit an Papst Pius XI. geschrieben, dass er gegen die Judenverfolgung etwas unternehmen solle. Aus Deutschland schrieb eine aus dem Judentum übergetretene Ordensfrau, die gelehrte Dr. Edith Stein. In ihrem Brief beschrieb sie die Situation in Deutschland, prophezeite sie das Judenschicksal und bat den Papst, sich gegen Antisemitismus zu engagieren. Edith Stein wurde in ein Konzentrationslager deportiert und in der Gaskammer ermordet.

Die Fragen, die immer wider gestellt werden, lauten: Hätten Pius XI. und Pius XII. das Schicksal von Millionen Juden, die ermordet wurden, mildern oder sogar verhindert können? Wie ist das diplomatische Schweigen des Vatikans zu bewerten? Warum hat der Vatikan geschwiegen? Was waren die Motive dafür? Warum schloss Pacelli das Reichskonkorad mit Hitler? Für die Beantwortung dieser Fragen ist eine weitere Betrachtung der Geschichte erforderlich.[17]

Im Jahr 1929 im faschistischen Italien wurde Vatikanstaat gegründet. Das gab dem Heiligen Stuhl die Möglichkeit in die internationale Staatsgemeinschaft zurückzukehren. Damit gewann

---

[15] Guido Knopp, Vatikan die Macht der Päpste, München 1997,S.19
[16] Michael F. Feldkamp, Pius XII. und Deutschland, Göttingen 2000, S.129
[17] Thomas Brechenmacher, Der Vatikan und die Juden, Geschichte einer unheiligen Beziehung von 16.Jahrhundert bis zur Gegenwart, München 2005, S.164-165

die katholische Kirche an Rechten und Pflichten. Die Anerkennung des Katholizismus als einzige Staatsreligion Italiens, war ein besonderer Erfolg für den Vatikan. Dafür versprach der Vatikanstaat politischer Neutralität. Beide Seiten waren zufrieden. Für den Papst war das ehrenvolle Anerkennung „Macht über den Mächten". Für Mussolini hieß das politische Ruhigstellung des Heiligen Stuhls. Diese Vereinbarung ist eine der Gründe dafür gewesen, warum der Heilige Stuhl Rücksicht gegenüber dem faschistischen Mussolini-Regime, und sogar später gegenüber dem Nationalsozialismus nahm. Weiterhin war der Vatikanstaat von Gas-, Strom und Wasserlieferung durch Italien abhängig. Beziehung zwischen Vatikanstaat und Deutschland hat sich durch die Machtübernahme der Nationalsozialisten im Jahr 1933, als Adolf Hitler Reichskanzler wurde, deutlich verändert. Nun herrschte in Deutschland auch ein totalitäräs Regime, dessen Politik aber viel aggressiver war, als die des faschistischen Italiens. . In Deutschland wollten die Nationalsozialisten das kirchliche Leben nicht nur aus Politik heraushalten, sondern vernichten:„Für Religion war in nationalsozialistischen Staat kein Platz, denn der Nationalsozialismus war, wie der Jesuit Friedrich Muckermann in seiner Analyse der Schriften Hitlers und Rosenbergs von Herbst 1934 herausgearbeitete, selbst Religion" [18]
Diese Situation verursachte große Sorgen im Vatikanstaat. Trotzdem gilt die Politik zwischen Heiligem Stuhl und Deutschland in den Jahren 1919 – 1933 als erfolgreich. Dieser Erfolg ist dem damaligen Nuntius Eugenio Pacelli, der seit 1917 in München lebte, zu verdanken. Mit zahlreichenden Konkordate schaffte es (siehe Seite 1) Pacelli, ein gutes Verhältnis zwischen Weimarer Republik und dem Heiligen Stuhl herzustellen. Was das Verhältnis zwischen Hitler und Pacelli betrifft, Pacelli kannte von Anfang an, Hitlers antikatholische Absichten und er vermutete und befürchtete auch , dass der Kulturkampf in Deutschland sich wiederholen könnte, wie es in 70-er Jahren des 19. Jahrhunderts, in denen in der preußischen Regierung Bischöfe und Pfarrer verhaftet und ausgewiesen worden sind. Um diese Situationen zu vermeiden, schloss Pacelli ein Reichkonkordat mit Deutschland. Pacelli war dessen bewusst, dass Hitler nicht an alle Artikeln des Konkordates halten würde, aber er hoffte zumindest, dass Hitler wenigstens nicht alle Paragrafen auf einmal brechen würde. [19]
Pacellis Ziel war es, mit Reichskonkordat, nicht Hitlers Regime zu unterstützen, sondern nur der katholische Kirche nützlich zu sein. Ebenfalls war Paclli über antisemitistische Politik von Hitlers Partei informiert. Trotz allem schwieg er und blieb neutral. Das hatte auch seine Gründe. Erstens hatte er gesehen, dass wer auch immer gegen die Judenverfolgung sich öffentlich engagierte, wurde verhaftet oder musste fliehen. Außerdem dachte Pacelli, dass das Judentum

---

[18] Thomas Brechenmacher, Der Vatikan und die Juden, Geschichte einer unheiligen Beziehung von 16.Jahrhundert bis zur Gegenwart, München 2005, S.166
[19] Thomas Brechenmacher ,Der Vatikan und die Juden, Geschichte einer unheiligen Beziehung von 16.Jahrhundert bis zur Gegenwart, München 2005, S.169

und der Heilige Stuhl zusammen Hauptfeinde für Deutschland waren „*Wir müssen (liest man dort in der Großdeutschen Zeitung, ThB) ein freies Volk sein. Undeutsche Mächte aber, der Jude und Rom, führen das Große Wort im Lande*" [20] So zu sagen er fand dass die Kirche und die Juden unter einem Dach waren, und wenn die Kirche und Nationalsozialisten in gute Beziehung wären, so wurden sie Juden auch in ruhe lasse. Aber schon nach 1933 sah er dass Antisemitismus drastisch zunahm und die Kirche zweifellos mitverantwortlich wurde. Die Maßnahme von Pacelli Beschützung katholischer Kirche und vermeiden die Wiederholung des Kulturkampfes wie in der Bismarkzeit versagte.

Für die Nationalsozialisten kam nicht mal in Frage das kirchliches Leben in Deutschland zuzulassen. Es gab massive Übergriffe gegen katholische Verbände und Organisationen, was eigentlich der Artikel 31 des Konkordats schützen sollte. Trotz aller Verhandlungen begannen Nationalsozialisten genau diesen Kulturkamp, den die Kurie vermeiden wollte. Dennoch blieb und Vatikan neutral, denn nach Pacellis Meinung Judenverfolgung in Deutschland forderte die diplomatische Politik des Heiligen. Stuhles heraus. Der münchener Erzbischof Kardinal Faulhaber bestätigte in seinem Brief am 10 April an Pacelli seine Überlegungen, es schrieb:

„ *Uns Bischöfen wird zurzeit die Frage vorgelegt, warum die katholische Kirche nicht, wie sooft in der Kirchengeschichte, für die Juden eintrete. Das ist zu Zeit nicht möglich, weil der Kampf gegen Juden zugleich ein Kampf gegen die Katholiken werden würde und weil die Juden sich selber helfen können, wie der schnelle Abbruch des Boykottes zeigt*" [21]

Diese Meinung war aus folgenden Gründen nicht richtig: Erstens die Juden konnten sich nicht mehr allein helfen. Und zweitens hatte der Kulturkampf gegen die Kirche sowieso angefangen. Er war nicht mehr davon abhängig, ob die Kirche für die Juden eintrat oder nicht. Allerdings sind die Richtigkeit der Meinungen von Pacelli und Faulhabers heute noch in der Diskussion.

Im September 1933 erhielt Pacelli die Meldung, dass Papst Pius XI. Antisemitismus verurteilte. Ob diese Aussage tatsächlich von Pius stammte, ist bis heute unklar. [22]

Tatsache ist hingegen, dass Pius XI. im Jahr 1937, 2 Enzykliken erarbeitete, die eine „*Mit brennenden Sorgen*" und „*Divini Redemtoris*". Damit verurteilte er sowohl Nationalsozialisten als auch Kommunisten, aber von Rassismus und Antisemitismus war keine Rede. Zahlreiche Menschen kritisierten das und verlangten, dass der Papst eine Enzyklika verfasst, in der er auch gegen Antisemitismus Stellung bezieht. Die Judenverfolgung in Europa wurde von Tag zu Tag schlimmer. Im Jahr 1938 wollte Pius XI. eine weitere Enzyklika erarbeiten, die Nationalismus

---

[20] Thomas Brechenmacher, Der Vatikan und die Juden, Geschichte einer unheiligen Beziehung von 16.Jahrhundert bis zur Gegenwart, München 2005, S.169-171.
[21] Thomas Brechenmacher, Der Vatikan und die Juden, Geschichte einer unheiligen Beziehung von 16.Jahrhundert bis zur Gegenwart, München 2005, S.174-175
[22] Thomas Brechenmacher, Der Vatikan und die Juden, Geschichte einer unheiligen Beziehung von 16.Jahrhundert bis zur Gegenwart, München 2005, S.177

und Rassismus kritisieren sollte: *Sociatatis Unio*. Man weiß nicht genau, was die Gründe dafür waren dass die Enzyklika erst verschleppt wurde und schließlich in den Archiven des Vatikans verschwand. Die Einzelheiten liegen im Dunkeln. Auch schweigen die Quellen über die Ursachen, warum Pacelli nach seiner Wahl die Enzyklika *Sociatatis Unio* endgültig begraben hat.[23]

6   Pius XII und Holocaust

Wie ich schon oben genannt habe, im Jahr 1939 wurde der Pacelli Papst Pius XII. Wenige Wochen später fing der zweite Weltkrieg an. Diese Zeit war der Höhepunk der Judenverfolgung. Schwieg der Pius XII. tatsächlich ? War das Schweigen falsch? Wäre ein Handeln, nämlich eine öffentliche Erklärung des Papstes gegen die Verbrechen der Nationalsozialisten oder ein Abbruch der diplomatischen Beziehungen zu Deutschland, besser gewesen? Hätte dies Hitler daran hindern können, den systematischen Völkermord an europäischen Juden zu begehen oder hätte es diesen zumindest verzögert?[24]

Mit dem Beginn des zweiten Weltkrieges, wurde auch das diplomatische Verhältnis zwischen Heiligen Stuhl und Deutschland beendet. Die Lage der Juden verschlimmerte sich von Tag zu Tag. Im Jahr 1942 fing schon erste Transportiesirung der Juden zu Vernichtungslagern an. Im Sommer des gleichen Jahres wurden holländischen Juden in Richtung Osten transportiert. Die katholischen und protestantischen Bischöfe protestierten sich dagegen bei der deutschen Besatzungsmacht per Brief. Der Protest von Bischöfen wirkte nur negativ, sie wurden von SS-Männern festgenommen.

Pius XII. war schon immer der Meinung dass die öffentliche Proteste des Papstes könnten die Situation nur schlimmern, sowohl für die Juden als auch für die katholische Kirche. Die Meldungen aus Deutschland bestätigten seine Hinsichte. Der Mitarbeiter von Staatssekretariates Giovanni Battisa schrieb am 24 Juni 1941 „ *ich bedaure hinzufügen zu müssen dass ich festgestellt habe, dass diese Empfehlungen (des Vatikan für einzelne Juden) nicht nur nutzlos sind, sondern dass sie vor allem auch schlecht aufgenommen werden; sie führen letztendlich nur dazu, die Behörden auch gegen weniger schwierige Fälle aufzubringen, die nicht bereit im Vorfeld durch allgemeine Regeln entschieden werden, wie es bei nichtarisches Personen der Fall ist* "[25]

---

[23] Thomas Brechenmacher, Der Vatikan und die Juden, Geschichte einer unheiligen Beziehung von 16.Jahrhundert bis zur Gegenwart, München 2005, S.188-189
[24] Thomas Brechenmacher, Der Vatikan und die Juden, Geschichte einer unheiligen Beziehung von 16.Jahrhundert bis zur Gegenwart, München 2005, S.202-203
[25] Thomas Brechenmacher, Der Vatikan und die Juden, Geschichte einer unheiligen Beziehung von 16.Jahrhundert bis zur Gegenwart, München 2005, S. 205-210

In den Augen von manchen Historikern schwieg Pius XII. nicht wirklich. Er hat nur diplomatisch gehandelt und einen Rückweg für den Notfall offen gelassen. In der Radiobotschaft an Weihnachten 1942 protestierte Pius XII. gegen den Krieg. Doch für Kritiker war das nicht genüg, weil er nicht Wort wörtlich Judenverfolgung und Nationalsozialismus erwähnte. Papst Pius XII. nützte regelmäßig die Anlässe wie Weihnachten, Ostern, Pfingsten und meldete sich über Radio und rief die Welt zu Frieden auf. Aber die Reden nützen am Ende überhaupt nicht. Mehr als auf Worte kam es auf tätige Hilfeleistung an. Der Papst half wo er konnte. Er setzte z.b. den Radiosender des Vatikan für die Nachrichtenübermittlung und die Personensuchdienste. Auch gegen die Judendeportation in die Slowakei hat der Heilige Stuhl Hilfe geleistet.[26] Im Frühjahr 1943 verhinderte Pius XII auf diplomatischem Wege, dass die slowakische Regierung die Judendeportationen fortsetzte[27].4.000 Juden wurden nicht transportiert. So schien das Jahr 1943 in der Slowakei friedlich zu Ende zu gehen. Aber schon im Frühjahr 1944 zeigten sich abermalige Gefahren für die jüdische Gemeinde in der Slowakei.[28] Manche Historiker kritisieren aber auch diesen Schritt von Pius XII. und meinen, dass er in erster Linie der Kirche helfen wollte, weil der Präsident der Republik ein Priester war.[29]

Während der heilige Stuhl sich Mühe gab, in ganz Europa und Amerika deportierten Juden zu helfen, bestand die Gefahr vor der eigenen Haustür.[30] Heutzutage wird am meisten über die Haltung von Papst Pius XII. gegenüber Juden diskutiert. Man stellt sich die Fragen, was der Papst machte als am 16 Oktober 1943 ungefähr 7000 römische Juden mit Gewalt festgenommen und in Vernichtungslager transportiert wurden. Hat der Papst einfach zugesehen? Was hat er dagegen unternommen? Im Juli 1943 wurde Mussolini verhaftet und die Regierung übernahm Marschall Badoglio. Es war keine leichte Zeit in Italien gewesen. Nach dem Badoglio einen Waffenstillstand mit den Alliierten am 3 September schloss, besetzten die deutsche Truppen schon am 8 September Norditalien und am 10. September Rom. Die Integrität des Vatikans wurde von den Deutschen respektiert. Sie zogen deutsche Wachen vom Petersplatz wieder ab. Die Angst um den Vatikan und den Papst war groß, denn Hitler hatte dem Papst mehrmals gedroht. Es war sogar die Rede davon, dass Hitler den Vatikan besetzen wollte und dafür schon SS-Truppen geheim beauftragt waren. Noch herrschte bei den römischen Juden eine trügerische Ruhe. Am 26. September verlangte SS-Kommandant Kappler 50 Kilogramm Gold in

[26] Thomas Brechenmacher, Der Vatikan und die Juden, Geschichte einer unheiligen Beziehung von 16.Jahrhundert bis zur Gegenwart, München 2005 S.213-215
[27] http://de.wikipedia.org/wiki/Pius_XII.#cite_ref-72 ,15.03.2010, 19 Uhr
[28] Pierre Blet SJ, PAPST PIUS XII. und der ZWEITE WELTKRIEG. Aus den Akten des Vatikans, Wien, Zürich, Schöningh, 2000, S 178-179.
[29] http://de.wikipedia.org/wiki/Pius_XII.#cite_ref-72 ,15.03.2010, 19 Uhr
[30] Pierre Blet SJ, PAPST PIUS XII. und der ZWEITE WELTKRIEG. Aus den Akten des Vatikans, Wien, Zürich, Schöningh, 2000, S 206

etwa 36 Stunden den Juden als Lösegeld und versprach die danach in Ruhe zu lassen. Andernfalls drohte er den jüdischen Bürgern mit der Deportierung. Es war nicht einfach für die Juden in einer so kurzen Zeit so viel Gold zu bekommen. Viele Römer halfen den Juden, um 50 Kilogramm Gold zusammen zu sammeln. Der Vatikan erklärte sich auch bereit, den fehlenden Goldteil aufzufüllen. Die Nationalsozialisten haben aber das Versprechen nicht gehalten. Ab dem 29. September durchsuchten SS-Offiziere die Gemeinderäume und die Synagogen und transportierten Juden in Vernichtungslager. Ab 16. Oktober riegelten sie auch das jüdische Ghetto in Rom ab und durchsuchten alle Häuser. Etwa 1250 Personen wurden damals nach Auschwitz deportiert. Insgesamt wurden aus Rom 8000 Juden deportiert und ermordet.[31] Drei Viertel der jüdischen Bevölkerung Roms wurde vom Vatikan und kirchlichen Einrichtungen Roms vor der Deportierung geschützt. Mindesten 4000 Juden versteckten sich in kirchlichen Einrichtungen, in Klöstern und selbst im Vatikan. Natürlich waren diese Handlungen nur möglich, weil Pius XII. klare Anweisungen dazu gegeben hatte. Schon ab 17. September ergriffen Pius und sein Staatssekretär diese Maßnahme. Sein Staatssekretär hat mit dem deutschen Botschafter von Weizsäcker auch zweimal gesprochen, aber dies nützte nichts. Die Quellen deuten darauf hin, dass von Weizsäcker Pius davon abgeraten hat, öffentlich für die römischen Juden das Wort zu ergreifen, denn mit solchem Protest, hätte er nicht das Leben von Juden retten können, sondern die Wut Hitlers nur verschärft. Die deutsche Botschafter versprach, etwas für die armen Juden zu tun. Doch zwei Tage später wurden über tausend Juden aus Rom in einen Zug verladen und nach Auschwitz transportiert, wo die meisten gestorben sind.[32] Weil der Papst sah, dass er mit den Verhandlungen nichts erreichen konnte, versuchte er, die Juden zu retten, indem er sie in kirchlichen Einrichtungen versteckte. Der Heilige Stuhl und die katholische Kirche haben in zweiten Weltkrieg etwa 100 000 Juden gerettet.[33] Diese Quellenbasis bezieht sich auf die Archive aus aller Welt und 11 vatikanische Bänden .In meines nächsten Kapitels, möchte ich der Meinung der Historiker zusammenfassen, die Papst kritisieren.

7   Der Papst, der geschwiegen hat

In dem folgenden Kapitel beziehe ich nahezu alle meine Aussagen und wertenden Formulierungen auf das von John Cornwelli 1999 herausgegebene Buch „Pius XII. der Papst, der geschwiegen hat". John Cornwelli hat in seinem Buch, dessen englischer Titel „Hitler's

---

[31] Thomas Brechenmacher, Der Vatikan und die Juden, Geschichte einer unheiligen Beziehung von 16.Jahrhundert bis zur Gegenwart, München 2005,S 218-219

[32] David I. Kerzer, Die Päpste gegen die Juden, der Vatikan und Entstehung des modernen Antisemitismus, New York, 2001, S.386

[33] Thomas Brechenmacher, Der Vatikan und die Juden, Geschichte einer unheiligen Beziehung von 16.Jahrhundert bis zur Gegenwart, München 2005,S 219-223

pope" lautet, den Papst Pius XII. und seine Handlung im zweiten Weltkrieg negativ kritisiert. Aus dem Grund ist das Buch unter Historikern und Katholiken sehr umstritten[34].

Da ich aus pädagogischer Sicht unterschiedliche Meinungen von Historikern und Wissenschaftlern schreiben möchte, habe ich das Buch ausgewählt, das das Schweigen des Papstes Pius XII. im zweiten Weltkrieg den Jugendlichen in einem anderen Blickwinkel darstellt. All diese Pro- und Contra-Meinungen und Informationen ermöglichen den Jugendlichen, zum Nachdenken zu kommen und sich selbst daraus eine eigene Meinung zu bilden.

Da vatikanische Archive geheim und nicht zugreiflich sind, ist es nicht einfach, die Wahrheit über Pacelli zu erfahren. Außerdem war er kein offener Mensch, er führte keine Tagebücher und schieb sehr wenige Briefe. Die existierenden Briefe sind weitgehend nicht zugänglich. Die elf Bände mit Dokumenten, aus dem Jahr 1965 und 1981 sind für die Wissenschaftler, die sich mit der Geschichte von Vatikan beschäftigen, sehr hilfsreich. Aber es gibt trotzdem sehr viele Fragen, die unbeantwortet bleiben.[35]

Die meisten Historiker und Wissenschaftler beschäftigen sich mit der Frage, warum Papst Pius XII. während des zweiten Weltkrieges geschwiegen hat. Jeder versucht zu einem Urteil zu kommen, was aufgrund des Dokumentenmangels nicht einfach ist. Die katholische Kirche versucht heute noch dem „Papst, der geschwiegen hat" Recht zu geben.[36] Ihrer Meinung nach war das Schweigen des Papstes Pius XII. vernünftig und öffentliche Prostete gegen die Nationalsozialisten und gegen die Judenverfolgung hätten die damalige Lage nur noch verschlimmert. Aber man kann die Meinung zu dem Thema auch als falsch beurteilen. Denn es gab Fälle, in denen SS-Männer wegen Volksprotesten zurückgezogen wurden. Ein Beispiel dafür ist der Protest in der Rosenstraße in Berlin im Februar 1943 als die SS 2000 jüdische Männer, die nicht nur jüdische, sondern auch deutsche Ehefrauen hatten, ohne weiteren Grund verhafteten, und in Gebäuden in der Rosenstraße gefangen hielten. Da versammelten sich hunderte Ehefrauen vor dem Gefängnis und demonstrierten. Sie riefen ununterbrochen „*Wir wollen unsere Männer wiederhaben*". Die Demonstration dauerte eine Woche lang Tag und Nacht. Die SS und Polizei drohten die Frauen mit Niederschießen. Aber die Demonstration ging weiter und die Frauen standen in geschlossenen Reihen. Bis schließlich die Polizei nachgab und 2000 Juden aus dem Gefängnis befreite.

---

[34] http://de.wikipedia.org/wiki/Pius_XII._%E2%80%93_Der_Papst_der_geschwiegen_hat. Montag der 22 März 15:06

[35] John Cornwelli, Pius XII. Der Papst der geschwiegen hat, Aus dem Englisch übersetzt von Klaus Kochmann.- München , 1999. S.430

[36] John Cornwelli, Pius XII. Der Papst der geschwiegen hat, Aus dem Englisch übersetzt von Klaus Kochmann.- München , 1999. S.430-432

Diese Demonstration war ein großer Erfolg, und außerdem die einzige bekannte öffentliche Demonstration für Judenbefreiung, mit der Hilfe der Deutschen.[37]

Durch diplomatische Politik des Vatikans war es schwer für die Katholiken, öffentlich zu protestieren. Eines der Beispiele für katholischen Protest ist ein mutiger Bischof, Clemens Graf von Galen. Er ignorierte die Vormachtstellung des Vatikans und protestierte mit dem Volk öffentlich in den Schulen in Oldenburg im November 1936 gegen den Befehl des nationalsozialistischen Regimes, das die Kruzifixe[38] beseitigen wollte. Am 25 November 1936 wurde der Befehl zurückgezogen. Das war der erste Sieg der katholischen Kirche gegen nationalsozialistischen Staat.[39]

Dieses und andere Beispiele zeigen, dass eine öffentliche Meinungsäußerung in der NS-Zeit möglich war und damit das NS-Regime beeinflusst werden konnte - sogar dann, als Hitler sich schon auf dem Höhepunkt seiner Macht befand. Durch den großen Einfluss des Vatikans über die katholische Kirche und daher auch des Papstes sind öffentliche Aufstände aber vermieden worden.[40] Cornwelli kritisiert ebenfalls die Haltung des Papstes den Juden gegenüber. Er behauptet, der Papst habe davon gewusst, dass die deutsche Wehmacht in Rom einmarschieren und die Juden nach Auschwitz transportieren wollte, aber dagegen nichts unternommen hätte. Als am 13 Oktober 1943 tatsächlich das geschah, und der Zug mit den Juden aus Rom nach Norden fuhr, beschäftigte sich Pacelli mit andern Sorgen. Er hatte Angst vor den „Kommunisten" bzw. die Auswirkungen der Razzia auf die italienischen Partisanen. Dafür hat man auch Beweise, denn der US-Diplomat Harold Tittmann telegraphierte nach Waschington, dass der Papst ihm folgendes mitteilte: *„Der Papst sagte, es sei bekannt, dass gegenwärtig kleine kommunistische Banden in der Umgebung von Rom stationiert sind, die Gewalttätigkeit in der Stadt Rom verüben können"* [41]Auch wenn der Papst am Ende die Türen des Vatikanstaats für die Juden öffnete und cirka von 7000 römischen Juden 150 rettete, war das kein heldenhaftes Beschpiel, behauptet Cornwelli. Nach seiner Ansicht wäre es erfolgreich gewesen, hätte der Papst öffentlich gegen die Judendeportation protestiert. Das Risiko, dass die SS-Männer den Papst dann getötet oder verhaftet hätten, beurteilt er als eher unwahrscheinlich. Über die Nachkriegszeit schreibt Cornwelli, dass Pius XII. sich fast nie über das jüdische Schicksal äußerte. Mit dieser und noch vielen anderen Behauptungen war

---

[37] John Cornwelli, Pius XII. Der Papst der geschwiegen hat, Aus dem Englischen übersetzt von Klaus Kochmann.- München , 1999. S.236-237
[38] **Eine Darstellung oder Nachbildung des Kreuzes, an dem Jesus Christus gestoben ist.** Langescheidt, Großwörterbuch Deutsch als Fremdsprache, Berlin und München 2003, S.619
[39] John Cornwelli, Pius XII. Der Papst der geschwiegen hat, Aus dem Englischen übersetzt von Klaus Kochmann.- München , 1999. S.238
[40] John Cornwelli, Pius XII. Der Papst der geschwiegen hat, Aus dem Englischen übersetzt von Klaus Kochmann.- München , 1999. S. 443
[41] John Cornwelli, Pius XII. Der Papst der geschwiegen hat, Aus dem Englischen übersetzt von Klaus Kochmann.- München , 1999. S.361-362

für Cornwelli Papst Pius XII. weder ein Vorbild für die Heiligkeit noch ein Held, sondern ein „ In sich gebrochenes Menschliches Wesen."[42]

8 Resümee

Wenn ich nun zurück zu meiner Fragestellung kehre und die Frage, was die Jugendlichen über das Verhalten der katholischen Kirche und Papst Pius XII. gegenüber der Verfolgung und Vernichtung der Juden im zweiten Weltkrieg wissen müssen, beantworte, lautet meine Antwort: So viel wie möglich. Denn die Erforschung des päpstlichen Schweigens methodologisch schwer zu fassen ist. Die in meiner Zielstellung gestellte Fragen, ob Pacelli Hitlers Papst war und ob er die Judenverfolgung nicht in seinen Prioritätenkatalog einbezogen hat, bleibt immer noch unklar. Die erste Frage sollte nach heutigem Wissenstand verneint werden. Auch die zahlreiche Literatur, die ich gelesen habe, wie zum Beispiel das Buch von Guido Knopp „Vatikan, die Macht der Päpste", von Pierre Blet „Papst Pius XII. und der Zweite Weltkrieg" oder Thomas Brechenmacher „Der Vatikan und die Juden", deren Bücher aufgrund der Quellenanlage faktenreich und historisch abgesichert sind, schließen aus, dass der Papst nazifreundlich war. Aber ob Pius XII. Anweisungen gegeben hat, um Juden zu retten, ist umstritten. Schriftliche Anweisungen Pacellis wurden noch nicht gefunden. Mündliche Anweisungen sind nicht auszuschließen; deren Existenz wird aber von vielen Historikern in Frage gestellt.

Mir persönlich ist der Eindruck geblieben, dass Pacelli Judenverfolgung nicht in seinen Prioritätenkatalog einbezogen hat und dass für ihn das Wohl des Vatikans und der katholischen Kirche wichtiger war. So könnte man auch den Abschluss des Reichskonkordats plausibel erklären. Man kann aber auch natürlich das Schweigen des Papstes angesichts der Judenverfolgung in einem weiteren Kontext sehen, dass er mit seinem Schweigen und diplomatischem Handel vielen Juden geholfen hat. Als im Jahr 1943 die deutsche Wehmacht in Rom die Juden verhaftete und zu Vernichtungslagern transportierte, machte Pacelli die Türen des Vatikans auf und rettete mehreren Juden damit das Leben.

Aber, wie ich schon oben erwähnt habe, John Cornwelli kritisiert in seinem Buch „Hitler`s Pope" das Schweigen des Papstes und bezeichnet ihn als „gebrochenes menschliches Wesen". Er gibt ihm die Schuld, dass tausende Juden wegen seines Schweigens gestorben sind. Seiner Ansicht nach konnte der Papst gegen Judenverfolgung und Judenvernichtung öffentlich protestieren und hätte auf keinen Fall das Konkordat mit Hitler abschließen sollen. Er beschreibt die Volksaufstände, die auch dann funktioniert haben, als Hitler schon Reichskanzler war. Das

---

[42] John Cornwelli, Pius XII. Der Papst der geschwiegen hat, Aus dem Englisch übersetzt von Klaus Kochmann.- München , 1999. S.443

Buch wurde aber von Wissenschaftlern stark kritisiert aufgrund der mangelnden Quellenanlage. Ebenfalls bleibt umstritten, ob der Papst selig gesprochen werden soll. Manche Historiker meinen, dass der Papst ein Heiliger war, aber weil er im Weltkrieg seine Amtszeit hatte, es schwer für die Gesellschaft ist, ihn als heilig zu sehen. Und für manchen ist Pius XII. und seine Person definitiv kein Heiliger, sondern ein nur Diplomat, der für sein eigenes Wohl gesorgt hat.

Ich kann natürlich nicht die Fragen beantworte, aber ich habe meine eigene Meinung über den Paps Pius XII. entwickelt. Meine Meinung dazu ist, dass der Papst Pius XII. nicht „Hitler's Pope" war, aber er hätte für die Rettung der Juden mehr tun können, in dem er sich frühzeitig gegen die Judenverfolgung und deren Vernichtung eingesetzt hätte. Daher ist er für mich kein Vorbild.

9 Literaturliste

- Thomas Brechenmacher, Der Vatikan und die Juden. München 2005

- Piesse Blet SJ, Papst Pius XII. und der zweite Weltkrieg, München, Wien, Zürich 2000

- John Cornwelli, Pius XII. Der Papst der geschwiegen hat, Aus dem Englisch übersetzt von Klaus Kochmann, München 1999

- Michael F. Feldkamp, Pius XII. und Deutschland, Göttingen 2000

- J.N.D. Kelly, Reclams Lexikon der Päpste, Stuttgart 1988

- Guido Knopp, Vatikan die Macht der Päpste, München 1997

- David I. Kerzer, Die Päpste gegen die Juden, der Vatikan und Entstehung des modernen Antisemitismus, New York, 2001

- Linder Thomas, Die Juden im faschistischen Italien, Frankfurt am Main 2009

- Langescheidt, Großwörterbuch Deutsch als Fremdsprache, Berlin und München 2003

- Hubert Wolf, Papst und Teufel, München 2008

- Regine Wagenknecht, Judenverfolgung in Italien 1938-1945, Berlin 2005